녹두꽃 한 채반

녹두꽃 한 채반

김 남 곤 시집
金 南 坤

신아출판사

■ 하고 싶은 말

저 산하에 봄비나 함초롬히 내렸으면

되게 느림보다.

문단에 발을 디딘지 30년이 되는데 이번이 네 번째 시집이다. 그런데도 별로 부끄러움을 타지 않는 걸 보면 신경이 무디긴 몹시 무딘 모양이다. 지난 해 뭐가 씌어서 그랬는지 시랍시고 몇 편 써 놓은 것을 주섬주섬 모아 놓았었는데 그 마저도 해를 넘기고 말았으니 한 해가 더 늦어진 셈이다.

올해는 초봄부터 서둘고 나섰다. 남들의 부지런한 작업량을 보면 샘이 안 나는 것도 아니지만 천생에 재주 없는 걸 누구를 탓 하겠는가. 재주가 없으면 어떤 명언처럼 구십구 퍼센트 피나는 노력이라도 기울여야 할 텐데 그마저도 게을렀으니 어쩌겠는가.

오늘은 큰 맘 먹고 그동안 세상을 향해 가려놓았던 검은 휘장을 걷어치고 햇볕 가운데로 나갈 결심을 한다. 세 번째 시집 ≪새벽길 떠날 때≫가 나온 지 칠 년만에 네 번째 시집 ≪녹두꽃 한 채반≫을 세상에 내놓는다.

오랜만이라서 그런지 동공을 찌르는 햇살이 시디시다. 몇 번쯤 눈을 감았다 떴다 하는 동안 세상의 물체는 정연해 보이고 정신도 맑게 트인다.

사람을 사람답게 사랑하고 사람의 값을 사람의 값으로 셈할 줄 아는 그런 고뇌의 시를 쓰고 싶었는데 쉽지가 않다.

이제 내 나이도 시든 저녁노을쯤 된다.

무엇을 더 바라겠는가.

이봄, 가물어 못이 바짝 마른 저 산하에 봄비나 함초롬히 내렸으면 좋겠다.

어린 새싹들의 웃어쌓은 키 재기며 저 메마른 나뭇가지를 비틀면 저절로 피리 소리가 흘러나오도록 눈물 같은 빗줄기가 흥건히 적셔주면 얼마나 좋겠는가.

2009년 3월 봄밤에

김 남 곤

■ 차례

하고 싶은 말 / 저 산하에 봄비나 함초롬히 내렸으면 • 4

하나

콩깍지 • 13
공허空虛 • 14
금산사金山寺 석련대石蓮臺 • 15
겨울 만성리萬成里 • 16
노매老梅 • 17
어머니의 숟가락 • 18
구슬쟁이 나물 • 19
문어 • 20
그해 겨울 • 21
쌍계사 가던 날 • 22
벌레의 집 • 23
부안 우포에서 • 24
어릴 적 회상도 • 25
죄업罪業 • 26
그런 별 하나 있었으면 • 27
자벌레 • 28
눈물 • 30
가은이 • 31

둘

35 • 청보리밭
36 • 손석일
37 • 떠나면서
38 • 목어木魚
39 • 무지개
40 • 자랑
41 • 고염
42 • 사진 이야기
43 • 그해 봄
44 • 낙엽
45 • 들 가운데 바람 지고 서면
46 • 베로니카
47 • 묘지
48 • 보리밟기
49 • 원추리
50 • 석상달마石上達磨
51 • 어느 조간朝刊
52 • 모기의 나라
53 • 들것 위에 핀 녹두꽃

셋

가을 보기 • 57
슬픈 논객論客 • 58
귀 울음 • 59
그 길 • 60
메아리 • 61
맥박 • 62
먼지 • 63
모래내 시장 • 64
부음 2 • 65
삼촌 • 66
삼베치마 • 68
털수건 • 69
파지破紙 1 • 70
파지破紙 2 • 71
파지破紙 3 • 72
입추 무렵 • 73
흙꽃 • 74
묵은 수첩 • 75

넷

79 • 황방산 아래 사람들
80 • 풀과 바람
81 • 흙 속에서
82 • 군소리 1
83 • 그 사람
84 • 겨울비 뒤에
85 • 그리운 시인
86 • 노을
87 • 물어 보아라
88 • 빛
89 • 사월
90 • 이 씨 간장집 앞에서
91 • 장터에서
92 • 현정이네 참깨 밭
94 • 적적寂寂
95 • 모자라는 마음
96 • 어머니에게
98 • 몇이나 될까

김남곤과 그의 시

위와 아래가 없는 이상세계 / 신동욱 • 100
유년회억과 靑山意志 / 최승범 • 104
한국적 공간의 아픔 / 이기반 • 108
시의 문법과 그 발자국 소리 / 허소라 • 110
시와 인간과 삶의 동일성 / 이운룡 • 116
위대한 보통사람 / 송하선 • 122

하나

콩깍지
공허空虛
금산사金山寺 석련대石蓮臺
겨울 만성리萬成里
노매老梅
어머니의 숟가락
구슬잿이 나물
문어
그해 겨울
쌍계사 가던 날
벌레의 집
부안 우포에서
어릴 적 회상도
죄업罪業
그런 별 하나 있었으면
자벌레
눈물
가은이

콩깍지

손톱 밑이
무지근하다

겨우 한해살이로 입김 불어
살맛 본 뚝심이

제 살 뜯으러 달려드는
칼날 같은 각질을
사정없이 거부한다

쉽게 내어줄
그냥 콩 먹을 세상은 아닌가보다

“어서어서
내 성城 밖으로 물렀거라.”

공허空虛

도시가 자꾸만 짜부라져 간다고
아무짝에도 쓸모가 없어져 간다고
그 많던 사람들은 어디로 사라져 갔느냐고
어디로 가서 고깔도 없는 머리 두르고
국밥이라도 한 술 떠먹고 사느냐고
밤이면 시원찮은 등불 하나 걸어두고
소식 없이 잠적한 사촌 이야기로
우울한 판에
먼데서는 수캐가 수상쩍게 짖어대고
별똥이 하나 둘 찍하고 떨어지고
잠은 좀처럼 오지 않고.

금산사金山寺 석련대石蓮臺

– 그 높다란 부처님은 어디 가시고

눈부신 빛줄기가
한 순간 어둠 속으로 갇혔네
어둠은 모악산을 덮고 더욱 짙게
천지를 어지렵혔네
그 사이 먹장구름이 휘휘 말아가듯
석불 한 채 베어갔네
천둥 멎은 그 자리 빛이 다시
제 모습으로 튀어 나왔을 때
통증이 멎은 연꽃잎 몇 장이 살을 붙이고
하늘 우러러 순하게 엎드려 있었네
엄혹한 천후가 몇 번이나 스쳐가는 동안
비가 자주 내려 돌꽃도 피었네
그 후로 불칼은 아니어도
손톱자국 하나 없이
연화국蓮花國을 지은 사람들이
길게 늘어서서 손을 맞대 잡고 울었네
서로 숨소리는 들리지 않아도
땅을 받들어 석불 한 채 어디선가 들어 올릴
역사役事를 돕고 있었네.

겨울 만성리萬成里

눈발이
삭은 수수울타리에 매달려 조잘대는
참새 떼 잔등을 밟고
하루 내내 사락거린다

엊그제야 서툴게 인사 나눈 안사돈도
한 겨울 무 구덩서 깊이 자라는
순한 무순처럼 낫낫하다

양로당에선 아들 낳은 집과
딸 낳은 집으로 가탈없이 나뉘어
대통령 뽑은 이야기로 해가 기운다

눈길이 더욱 깊어지기 전
처마 밑에 흩어진 신발부터 챙겨쌓는
숫된 만성리 사람들.

---

* 아들 낳은 집 : 당선된 사람에게 표를 던진 집을 그렇게 부르고 있었다.

노매老梅

전주全州 경기전 한 켠에
노매 할아버지 한 분 쇠꼬챙이처럼 사신다
성가시고 군시러운 것들
죄다 떨쳐버리고
어디 숨겨놓았는지
겨우 숨구멍 하나 비워 놓고
코 비비며 사신다
어느 세월을 더 버티시겠느냐고
섭섭해 하는 사람들 더러 있어도
하늘이 흙 한 옹큼 떠서
어느 날 모시고 가지 않는 한
쇠심줄 같은 심지가 아직도 무섭다
어쩌면 노매 할아버지는
몇 봄은 더 그렇게 웃고 사시다가
더러 남은 웃음 있으시면
푸른 달밤에 그것도 내다 파시며
별의 귀에 대고 별 걱정들을 다 한다고
피식 웃으실지도 모른다.

어머니의 숟가락

어머니의 숟가락은 끼니때만 되면 아픈 분할을 시작했다
그 때마다 숟가락 끝에선 바람이 비벼가는
가느다란 단소 소리가 들렸다
그 떨리는 주먹을 무슨 깃발 하나가 감아서 서럽게 다독였다
깃발은 눈물 묻어 축축했지만 빛나보였다
그 주먹이 더 이상 분할을 시도할 수 없었을 때쯤
어머니의 숟가락은
끝 모를 영역으로부터 청녹이 슬기 시작했다

하늘빛하고도 바꿀 수 없는.

구슬쟁이 나물

내 친구도 시인이다
…도 시인이라고 부르는 걸 보니까
저도 시인이라는 말 아닌가
그 친구 시인은 입맛이 유별나서
봄만 되면 요상스런 곳만 찾아다니며
나는 생전 듣지도 눈짓도 줘본 적 없는
구슬쟁이라는 나물을 뜯어다가
봄맛을 아주 상큼하게 챙긴다
어느 강기슭 문 닫은 학교 뒷밭을 어찌 알아냈는지
그 곳에 죽치고 앉아 몇 봄을 재미깨나 봤는데
지난해에는 그 널려있던 구슬쟁이가 어디로 다 내뺐는지
온데간데없어 빈 바구니만 들고 왔다
그 구슬쟁이들의 심보가 그랬을까마는
너무나도 좋아하는 꼴을 차마 보다 못해
허탕을 치게 했는가 싶은 생각 끝에
올해는 어디 내가 둘리는가 보라는 듯
벌써부터 소문나지 않게 안주머니 깊이
작은 나물 칼을 챙기는 눈치다.

문어

사진작가 종구 형이
바다 한 조각을 떼어왔다
지구를 짚고 떨어지지 않으려고
몸부림치다 흡반이 찢어진
생사의 갈림길
사느냐
죽느냐
65억 여러 나라 사람들 가운데
착한 종구 형을 만나
죽기를 각오한 날
우리 집 도마 위에
식칼을 베고 잠을 잔다
세상이 이렇게 조용할 수가 있을까
한 생명이 눈을 감으면.

그해 겨울

눈발이 문지방까지 내리치던
만성리 겨울 새벽은
구들장 밑까지 빼앗긴 미열로
뼈마디가 시렸다

하루를 열어갈 눈길은
빗장 친 듯 트일 줄을 모르고
어느 밭에선가 깊은 무 구덩이 속에선
노란 무순이 지순하게 자랐다

전쟁은 어디만큼 물러갔어도
날만 새면 뒤숭숭한 고샅길에선
생담배 타는 냄새가
성치 않은 오장을 뒤집었다

그 해 겨울은
허기져서 더욱 얼어붙었고
쌓인 눈은 해가 저물도록
코뼈를 낮출 줄 몰랐다.

쌍계사 가던 날

몰랐습니다 어머니가 기역자로 엎드려 따라오시는 줄을 몰랐습니다 그러는 줄도 모르고 지랄 같은 세상 이것저것 옹이 박히고 매듭지어진 허물들을 뒤적거리며 오르는데 뒤에 오시던 어머니가 곱지 않은 내 뒷덜미를 어느새 읽으셨는지 숨을 몰아쉬며 나를 앞질러 오르십니다 쌍계사 삼신산이 그 모습을 물끄러미 지켜보시다가 어머니의 신발 한 짝을 벗겨 불전에 먼저 놓으십니다.

벌레의 집

차디찬 하늘 기슭에 매달려
생명줄 같은 이파리 하나 물고
똥 빠지게 늘어졌을 때
발가락이 아슬아슬 떨렸습니다

먹고 자고 일하는 일상도
햇볕에게 그을리고
바람에게 부대끼고
눈비에게 씻기우는
곤고의 나날이었습니다

그런 나머지
토끼 똥의 반에 반만한
보기에도 아주 서러운
집 한 채를 지었습니다

술타령도 안하고
외씨버선 한 짝도 벗긴 일 없는
그런 덕분이었습니다.

부안 우포에서

한 시간쯤 걸어서
질긴 갈대숲을 빠져나왔다

내 키를 붙잡고
가감 없이 높낮이를 고르던 갈대는
은밀하게 어깨 짜고 서서
어느 틈새 하나 헐고 들어온 바람의 갈기를
한 치도 놓치지 않고 잘게 부쉈다

그러다가 할 말 없으면
그냥 헐렁하게 놓아주는
나긋거리는 비법도 능했다

나는 아무 가닥도 잡히지 않는
사념 하나를 머리에 이고
바람 비벼 서걱대는 갈대의 몸짓 따라
세상에 대고 무슨 굴신 같은 흉내를 냈는지
그날 밤새 허리가 아렸다.

어릴 적 회상도

설핏한 저녁 무렵
귀가 먹먹하게 눈이 내리고
전주 장을 누벼온 삼색 실과는
대청마루로 조심스레 옮겨지고
해물은 물것대로
침침한 정지문 앞에 덜푸덕 부려지고
큰 방에선 뒤숭숭한 시국 이야기로 어른들 귀가 모아지고
뒷방에 감감하게 자리 잡은 월평 큰아버지는
낫꽁생이 칼로 밤을 매끄럽게 치시고
나는 바람처럼 신나게 뛰어나가
모사그릇에 꽂을 지푸라기 한 잎 빼오고
일가들 밤길 조심조심 오시라고
뜰 마루엔 들기름 불이 홰홰 일렁이고
안방이 훤히 들여다보이도록
미닫이도 반쯤 열어두고
누가 언제 왔다 가셨는지도 모르고
나는 정신없이 엎디어 절만 하고
그 이튿날 아침 껄끄러운 눈만 비비고.

죄업罪業

– 보림사宝林寺 지옥도를 바라보며

하늘이 내려 준
연꽃
한 송이
가지산이 향기롭다

지난 새벽
넉 점을 울고 간
보림사 범종소리는
어느 하늘 너머로 잦아졌는가

천년을 두고 우려내어
속진을 쓰다듬는
고즈넉한
가을 하루

나, 이내 걸어온
죄업이
지옥도 속에
가득하다.

그런 별 하나 있었으면

'허블'로도 보이지 않는
아주 먼 먼 시공에
사철 꽃이 피고 지는
그런 별 하나 살고 있다면
그 별나라에는
사람 형용을 한 고등동물의 씨는
얼씬도 못했으면 좋겠습니다.

자벌레

세상을 제 키만큼만 버텨가며
천천히 허리 구부려
한 방울 풀빛 물감처럼 티 안 나게
옮겨 붙는 그를 봅니다

햇살도 별빛도 소리 없이 내려와
제 눈길만큼만 값을 치르고 앉았다 가는
낭창한 실가지

자진모리로 숨 막힐 일 없는 일상을
하늘과 땅 사이 어긋남 없이
치를 맞춰 사위를 잘 살피고 있는
그를 봅니다

비바람에 부대끼며 아슬하게 목숨 가꾼
고된 눈물도
오늘따라 적막하게
맑아 보입니다

쌓인 노동의 피가 풀어져
파란 강물을 이루고 있는
순하디 순한 눈망울도 보입니다

그런 시공에 오래 엎디어
한 치 앞을 두리번거리고 있는 그가
세상을 잘도 파악하고 있는듯 싶어
그렇게도 유별나 보입니다.

눈물

눈 밑에 자리 잡고 사는
갈색 사마귀
세 송이

떨치지 못하는
사랑

누군가가 그랬다
그들이 눈물 받아먹고
사는 거라고

몇 날을 두고두고 울어주었다
배불리 더 먹고
가라고

그래, 이제 그만 이별을 하자꾸나
피부과에 갔다
치지지……
살타는 냄새

아, 나도 한낱 고깃덩이였구나.

가은이

할아버지
나 발포호 해요
발포호
발포호가 뭔데
유치원서
응, 발표회
예, 발포호
어떻게 하는데
할아버지 할머니
아빠 엄마 안녕하서요

와, 잘한다
짝 짝 짝.

---

* 가은이는 유치원 손녀

둘

청보리밭
손석일
떠나면서
목어木魚
무지개
자랑
고염
사진 이야기
그해 봄
낙엽
들 가운데 바람 지고 서면
베로니카
묘지
보리밟기
원추리
석상달마石上達磨
어느 조간朝刊
모기의 나라

청보리밭

어린아이 손을 잡고
휴가 나왔다는
방송국기자가 불쑥
마이크를 디민다

고창 청보리밭에 대한
소감 한마디

"예, 연인들이 망치는군요
저기 주인이 작대기 들고 쫓아오네요"

나 어릴 적
풋보리 잡아먹던
뙈기밭의 이 빠진 낫
숫돌에 다시 한 번 벼르고 싶은
청보리밭.

손석일

손수 거두었다는
조선 꿀 한 병을 목매기처럼 끌고 왔다
정직한 일꾼 놈들이 흘린
1년 분어치의 눈물이라고
노동의 가치를 찍어 보라고
속빈 내장에 퍼런 불이 확 붙도록 그래 보라고
약이 되든 독이 되든 되는 것은 틀림없다고
검정 고무신 처사처럼 끌며
그런 몸짓이 더없이 좋다며
세상에 위세부리고 말담 좋은
그런 짓거리하는 자는 영 싫다고
우리 일꾼 놈들은 그런 망측한 꼴
눈을 씻고 보려 해도 없다고.

---

* 그 환속 시인은 2005년 쓸쓸히 갔다.

떠나면서

– 십자매 가다

창문을 열어놓은
하늘 틈새가 보이지 않아
더듬더듬 더디 나섰습니다

어젯밤 무서리 내리고
동이 트기 전에 빠져나가느라
주인집에 인사도 못 했습니다

며칠을 거실에서 자면서
거의 자정에 이르기까지
아저씨의 근심스런 수발을 받았는데

가는 길
강도 깊고
산도 높아
섭섭하게 서둘렀습니다.

목어木魚

나는 아직도 숨을 멈추지 않았네
하늘보다 큰 뱃구레도 하나 있네
살갗 헐어지지 않도록 사랑의 말씀 매어주는
바람 한 점만 있으면 그만이라네
그리고 날마다 누군가가 나를
피 비치게 장단맞춰 두들겨서
이 세상 힘없어 주저앉은 서러운 것들의
오금만 펴 세울 수 있다면
난들 벗겨지고 찢어지는 생살을
뜬 세월에 맡겨둔들
무슨 한 있으리
나는 아직도 멈추지 않고 있다네
질기디 질긴 이 땅의 한숨을.

무지개

무지개는
흔적 없이 소멸되는 것이 아니다
그 아래 무지개 뜬 그림자 밭에
판박이 하듯 정확하게 각을 세워 내려앉는다
영롱한 빛깔, 그 굉장한 미학의 작업이
우리들의 눈에 밟히지 않는 것은
무지개 탓이 아니라
무지개는 하늘에만 산다는
불변의 틀에 사로잡혀 있기 때문이다

자랑

저기 마을 초입에
은행나무 두 그루 보이시지요

암수입니다

이 백하고도 더 쉰 살은
잡수셨다고 그럽니다

“마을에 저리 큰 나무가
오래 살아 계시다는 것은
그 옛날 어지신 한 분이
살고 가셨다는 증거라네”

저희 마을이옵니다.

고염

지리산 팔랑리 내장 속에 들어가서야
반백년이나 넘게 애가 살이 되어 살아 온 나도
한 톨의 새까만 고염 같은 씨앗인 줄 알았다
돌밭 가장자리 붙박이로 살고 있는
늙고 병들어 숨이 찬 그를 만나자마자
나는 목숨 끊어 나누듯 비음부터 내질렀다
한 생의 끝자락에 기대어
무서리 맞고 울며 서있는
모진 고행의 얼룩이
마른 눈물로 콕콕 찍혀 나왔다
산들이 에워싸고 잠든 씨앗의
문고리를 걸어 잠글 때
마지막 사랑의 통증을 불태우는지
그 주위에선 가늠할 수 없는 쓴내가 진동했다.

사진 이야기

언젠가 넉넉한 마음 쏟아 기념사진으로 찍어놨는데 영정 사진이 돼버린 아버지 어머니가 거실 벽에 야트막하게 기대 계십니다 매사에 저 하는 짓이 눈가에도 안 차시는지 이것저것 마음 고랑을 곧게 잡아 주십니다 아버지는 흑백시대의 거주민으로서 가파른 보릿고개의 지번을 고수하고 계시고 어머니는 천연색 시대의 개방주의를 표방하고 계십니다 어느 날 누가 와서 눈썰미 있게 보더니 어쩌자고 나란히 모셔드리지 않고 세 발치나 떨어져 외로움을 타게 하시기냐고 핀잔을 주었습니다 동갑내기인 아버지는 마흔아홉에 섭섭하게 가시던 길을 멈추셨고 어머니는 아흔에 좀 쉬시겠다고 가셨는데 나이 차이가 나도 사십 년이나 나서 그랬다고 그냥 얼버무렸습니다 그랬더니 나이 차가 무슨 대수냐면서 요즘 세상에 촌스럽게 흑백은 또 어디 있으며 연하남도 쌔버렸다고 해서 눈을 동그랗게 뜨고 웃었습니다.

그해 봄

황사에 절어 단무지처럼 누렇게 뜬 태양은
능구리마냥 더디더디 서녘으로 빠지고
청승맞게 우는 소쩍새 따라
황방산도 되받아 울던
그해 서러운 봄날은
여기저기서 송피松皮 끓는 냄새가
뼈마디를 긁었다.

낙엽

살아서는 무릎아래
청먹으로 번지는
수묵화를 그렸다

죽어서는
온 몸을 뒤틀어
이 땅에 눕히기 싫은
넋 한 덩이로 굴러 갔다

차가운 바람 앞세워 가며
청맹과니 같은 사람들에게
한 마디 일렀다

"나를 진정으로 읽어 내릴 줄 알면
한 생의 무상이 보인다"고.

들 가운데 바람 지고 서면

들이 저렇게 느려빠지게
붙박여 있는 것처럼 보여도
쉼 없이 달려가는 그의 달음박질을
따라잡아 나꿔챌 장사는 아무도 없다

기나긴 세월
들의 발끝에선
초록 피가 묻어나고
그 초록 피가 배어 있는
들의 안창에선

누구도 들을 수 없는
누구도 맡을 수 없는
사철 바람 타는 냄새가 난다

그 들 가운데 바람 지고 서면
초록 피를 훑어마시며 살아온
우리들 원죄가 보인다.

베로니카

— 십자가에 못 박혀 형장으로 끌려가다 넘어진 예수님의 피와 땀을 닦아준 여인

자, 이 손수건을 받아주세요
이 손수건도 받아주세요
이 손수건도 받아주세요
이 손수건도 받아주세요
이 손수건도 받아주세요

자, 그 손수건을 이리 주세요
그 손수건도 이리 주세요
그 손수건도 이리 주세요
그 손수건도 이리 주세요
그 손수건도 이리 주세요.

묘지

– 소설가 최명희의 묘지 앞에서

사위는 붉은 궁성처럼
눈이 부셨다

관은 그 내성 깊이
산 자의 힘을 빌어
은모래 위에
가뿐히 내려앉았다

그 후로
明姬의 긴긴 잠의 높은
베개 맡으로

모국어를 짊어진
그리운 그림자들이
물잠자리 날개 치듯
조심스레 스쳐갔다.

보리밟기

긴 겨울이 칩거하다 떠나버린 퍼석한 이랑이
내 발바닥 밑에 눌릴 때
누렇게 뜬 그 흙집의 서까래 몇 토막이
우두둑 부러지는 소리가 났습니다

앞서 이랑을 촘촘히 고르며 달려가던 바람이
바튼 기침 소리를 내지르며
속 깊어 보이지 않는 하늘의 층계 어디
종달새 방울을 흔들 때

겨울보리는 눈비바람 뒤집어쓰고
몸부림치다 깨어난 통증을 달래며
꼿꼿하게 못질하고 서 있습니다

더 밟아야지
생살이 터지도록 더 밟아야지
내 휘청거리는 관절 밑으로
지열이 발목까지 기어오르며
그렇게 쏘아부쳤습니다.

원추리

천후가
모질었던 날들을
아는지 모르는지
영 너머 진을 치고 살아가는
눈물나는 가족사

숨 쉰다는 것
거둔다는 것
세상 물정 모른다한들
누가 너를 탓할쏘냐

외로운 지구 한 모서리에 꽂혀
노랑 그림자 드리우고
오늘도 무희처럼 사분거리는
네가 부럽구나.

석상달마石上達磨

이제 그만 내려오시지 그래요
일어서서 한 발짝만 눈 아래 두시면
세사에 짓밟혀 누더기 된 흙이요
흙에서 또 무엇인가 일궈 먹고 사는
뭇 짐승들의 발자국소리
애잔하게 들리실 텐데요
일월의 운행도 잊으신지
하 세월
가부좌 밑에 달궈져
한 몸이 된 돌 한 덩이가
노을빛으로 펄펄 끓고 있는데
언제까지 먼 별빛만 헤아리고 계시긴가요.

어느 조간朝刊

심기가 불편한 활자들이 꼿꼿하게 날을 세운다
동공을 찌른다
그럴수록 순하게 가슴팍 더듬어 내리기
다독여 성깔머리 가라앉히기
가스라이터로 불을 지펴
까슬까슬한 우듬지의 높낮이 고르기
검은 잉크가 독한 연기를 내뿜는 막춤 꺾기
아직 덜 탄 몇 쪽에선가
어느 대통령의 웃어르신이 가셨다는
부음
얼른 가위로
박스 오리기.

모기의 나라

지난 여름 나는
모기의 나라 사람으로
그 치안 밑에서 주눅 들어 살았다

밤마다 정복자의 출렁이는 깃발이
얼굴 가득 해일처럼 덮칠 때
나는 콧등을 낮추고 숨을 죽였다

적당히 타협하며
심장 한 켜를 선선히 내어줄 것인가
아니면 완강히 거부하면서
짜부라진 콧대를 다시 세울 것인가

나는 한 세기의 아까운 밤을
그렇게 쪼다처럼 설치며 살았다.

들것 위에 핀 녹두꽃

녹두장군이 곧추 앉아서 가네
녹두장군이 시퍼렇게 눈을 뜨고 가네
청솔가지 들것 위에 목숨 묶여
거친 땅 거친 숨소리 뒤에 두고
세상이 이래서는 아니 되느니라
세상이 그럴 수는 없느니라
허허 허허 헛기침 날리며
가는 길이 보국輔國인가 안민安民인가
손사래도 없이 흥청흥청 바람 몰고 가네.

---

* 전주시립국악단에서 연주한 칸타타 〈전주여, 영원하라〉 중에서.

셋

가을 보기
슬픈 논객論客
귀 울음
그 길
메아리
맥박
먼지
모래내 시장
부음 2
삼베치마
삼촌
털수건
파지破紙 1
파지破紙 2
파지破紙 3
입추 무렵
흙꽃
묵은 수첩

가을 보기

여름 내내
햇볕 속을 지글거리며 동행하던
유분油分이 종적도 없이 사라졌다

고추잠자리가
옥수수 잎 난간을 아슬히 붙잡고
제 능력껏 허리를 편다

2단으로 착착 꺾은
그 날개 그늘 밑이
한 뼘이나 짙어
무지 서늘하다.

---

* 잠자리가 앉을 때 보면 날개를 꺾어 오므린다.

슬픈 논객論客

1945에서 2008까지

그렇게 살다가 서둘러 총총히 갔어 그것도 무슨 궤적 하나 이 땅에 남기고 가려 그랬는지 칼럼집 〈이승의 악몽〉을 빚어놓고 울긋불긋 상장喪章도 하나 없이 빈 하늘가 손사래만 치며 갔어 그저 삶의 관성에 따라 하루하루를 야금야금 갉아먹고 살아왔다고 술회한 슬픈 논객 "건방지고교만하고나태하고이기적이고탐욕스럽고" 온갖 악덕의 찌꺼기만 남았다고 자괴하던 슬픈 논객 늦었지만 이제는 "낮추자만만해지자너그러워지자웃어버리자허황꿈접자감사하자기뻐하자"고 노래처럼 뇌던 슬픈 논객 그날 마지막 떠나는 마당을 안쓰럽게 살피고 다니던 신부님 한 분이 계셨어 그 곁에서 눈물 글썽거리는 치상에게 물었어 누구시냐고 슬픈 논객이 평소 신부님들 가운데 오직 한 분 마음 쏟아 모셨던 신부님이라고 했어 그 신부님은 슬픈 논객이 아는지 모르는지 잠자는 슬픈논객 옆에 함께 앉아 승화원에까지 가서 뜨거운 뼛가루 식기 전에 집어다가 납골당으로 가는 길까지 지켜주신다고 했어 산 자와 죽은 자와의 사이에 어쩌면 그렇게도 아름다운 동행이 있을까 싶어 가슴 뭉클했어 슬픈 논객을 보내고 뒤돌아선 호현 종량 이택과 나는 한동안 아무 말도 꺼내지 못했어 누가 먼저 울먹일까봐.

---

* 언론인 박준웅이 이승을 떠나던 날.

귀 울음

한 세상 애간장 녹아
숯검정 다 파낸 폐광廢鑛

이제 하도 트집잡을 게 없어서
그거이 다 우는가

오늘 아침
귀 어두운 어머니 곁에 앉아

내 그거이 다 운다는 소리 꺼내려다가
얼른 입 다물고 고개 돌렸다.

그 길

길을 가고 있네
어둠이 장막처럼 밀려오고
어둠이 장막처럼 밀려가도
그 길 따라 고개 끄덕이며 말없이 가고 있네

그 길 따라 분별없이 함께 가던 사람도
어둠이 어둠밖에 또 있거나 없거나
그냥 고개 숙여 순응하며
말없이 가고 있네

먼 훗날도
그 길 따라 가던 사람도
그 길 따라 함께 가던 사람도
어둠이 어둠인 줄도 모르고
그 길이 그 길인 줄도 모르고
말없이 또 가고 있을 것이네.

메아리

어디만큼 달려가 잡아야
아득한 하늘 턱에 쉬고 있는
지순한 그대 목소리 만나 볼 수 있을까

가슴이 먹먹하게 슬픈 날
동산에 올라
'워–이' 그대 하고
소리쳐 부르면

'워–이' 그대 따라
울먹울먹 울먹이며 대답하던 그대

어여쁜 그대
그 옛날.

맥박

그대 손등 깊이
파랗게 스미어 출렁이는
강물 한 줄기를 보았습니다

그 내밀한 역사 속을 감아 도는
그대 영혼 하루도 놓칠 수 없어

그 사랑의 무게 짚어보다가
한 번은 애처러워 고개 돌리고
한 번은 가엾어서 눈을 감았습니다

별 밭을 이고 사는 큰 산맥 같은
그런 강심江心으로 뛰었으면 싶어서요.

먼지

아내는 언제부턴가 먼지를
쓸거나 훔치거나 닦아내는 것이 아니라
아예 손바닥으로 눕혀서
다시는 거들먹거리지 못하게 내동댕이친다
거기 몸뚱어리 어디쯤 내란을 치르고
처절한 침묵 속으로 떨어져나간
나의 각질더미도
실눈을 뜨고 아내의 주먹질을
겁먹은 채 지켜보고 있다
끝내 죽지 않을
그래서 언제든지 근성을 되살려낼 소지가 있는
그들은
나를 향해 아내의 더 깊은 전략을
읽어내려 하지만
나는 어디까지나 아내의 편
그러나 먼지는 끝끝내
머리 풀어 풀풀거릴 궁리만 하고 있다.

모래내 시장

이 강산 구석구석
눈물 뜯어 허리 아픈
쑥 한줌 집어 들고

피 비치게 다듬어 놓은
파 한 다발 골라 잡고

나도 오늘 하루 아내에게
천 냥어치에 팔려
졸졸 쫄쫄
질서 있게 따라다니던
모래내 시장.

부음 2

마당 한 모서리
감나무 그늘 밑에서
가랑파를 다듬고 있는 아내에게
방금 걸려온 전화
어젯밤 아무개가
잠자듯이 가셨단다고 했더니
아내는 나를 힐끔 한 번 쳐다보고는
그 흔한
'아이고' 소리 한마디 없다

아내의 손가락 끝에 걸려있는
파뿌리가 유난히도 길고
하얗게 보였다.

삼촌

그른 일을 그르다고
삼촌에게 입심부리다가
옳은 입심 작대기로 얻어맞고
속상한 적이 있었습니다

삼촌은 지리산 어느 골짜기
강산이 뒤틀려 잠들 수 없을 때
산맥 하나 속살까지 지키다가
또 하나 산을 보듬고 눈을 감은 사람의
별똥에 맞아 별이 되었습니다

골방에서 할머니가
소 울음을 낳고 자지러졌을 때
할아버지는 무슨 술기운으로
그 소 울음소리의 끝 소절을
멈추게 했는지 알 길이 없습니다

지금도 해질녘이면
삼촌이 짊어지고 오는

푸른 산맥 한 짐이
엎어질 듯 아슬아슬 기우뚱거립니다.

삼베치마

예전에 가신 할머니의 바람벽입니다
그 바람벽을 걷어내면 기다란
희고 묵은 서까래 하나가 보입니다
희다는 말은 빈 말이고
누렇게 속빈 서까래 한토막이
녹슨 비녀꼭지만 하게 누워 있습니다
서까래는 거의 진이 빠진 채
구멍이 숭숭 뚫려 있습니다
더 이상 쓸모가 있을지 모릅니다
그 전에는 그 바람벽도 촘촘해서
좀처럼 들키고 싶지 않은
새하얀 서까래가 언뜻언뜻 수줍어
하늘 속을 가리고 얼른 주저앉기도 했을 것입니다
꽃바구니 끌고 다니던 강 언덕의 해질녘
바람벽이 너울너울 춤을 추듯
저문 산머리를 가렸을 때도
눈썹 끝에 그리운 이슬방울 하나가 매달렸을 것입니다
바람벽은 더 이상 서까래를 감싸서
어루만져 줄 수 없었을 때
세상을 두고 서로가 미안해했을 것입니다.

털수건

조간신문을 펼치다가
소스라치게 놀랐다
어머니가 이승에 와 계셨다

가뭄 끝에
비 조금 내렸다고
사진기자가 찰칵 했는가
동이만한 배추포기 하나 안고 웃자하신다

어느 나라 텃밭인가
일손 여태 못 놓으시고
잘도 가꾸셨다.

파지破紙 1

이 세상
버릴 것이
어디 그뿐이겠는가

험상궂게
더 이상 구겨지기 전에
어서어서 나도 버리자
버리자
버리자.

파지破紙 2

윤전기가 생산한 미숙아는 눈도 없고 귀도 없다
그래도 입만은 살아서 삐걱거리는 세상에 대고
피 튀기는 언설言說 한마디쯤 해댈 줄 알았는데
그마저 없어 서럽다

파지를 줄일 수는 없느냐고
파지를 먹고 사는 군상들도 있다고.

파지破紙 3

아예 신문지로 태어나지 말았어야 했네
이 몰골로는 그대 눈 빠지게 기다리는 문전에
도달할 수 없을 것 같네
꺾어진 관절이며 문드러진 안면으로
어찌 그대 무릎 위에 걸터앉아
세상사 안위를 살피게 할 수 있겠는가
고맙게도 나를 허상이라 불러주게
그 허상으로 불러주는 날
어느 가난한 수레에 누더기로 실려
그대와 다시 입 맞추게 될
재생의 나라로라도 가질는지 누가 아는가.

입추 무렵

여름이
유분 빠진 땀방울을 훔치며
우리들 무릎 앞에 넘어졌을 때
아무도 그를 일으켜
재생시키려 하지 않았다

그는 이미 무성했던 제 자리를
썩썩하게 비워줄 줄 아는 터라
아주 맛이 개운했다.

흙꽃

옛날에
볼이 발갛게 트고 자라던
소녀를 만났다

코 묻은 소매는 쇠가죽 같았고
손등은 늘 흙 꽃이 피다지다 그랬다

한 사십년쯤 흘러
제 어미 저승 가던 날
수줍게 마주친 그녀는
무지 잘 산다고 했다

옆 눈으로 훔쳐본
귀밑머리께가
박속같았다.

묵은 수첩

나는 아직도 지우지 않고 있네
차마 먹줄을 죽 그어
그대 모습 지울 수가 없다네
펼치기만 하면
그 순간 화들짝
내 눈썹 끝에 매달려
이슬로 젖어드는 그대
그대는 새파랗게 웃고 있구나
그대는 새파랗게 울고 있구나
그렇게 울고 웃는 그대와
이승을 한 치도 헐지 않고 동행하면서
나는 언제까지나 그대를 먹줄로
죽 긋지 않을 생각을 하고 있을지
그 생각조차도
먹줄로 죽 그을 수가 없다네.

넷

황방산 아래 사람들
풀과 바람
흙 속에서
군소리 1
그 사람
겨울비 뒤에
그리운 시인
노을
물어 보아라
빛
사월
이 씨 간장집 앞에서
장터에서
현정이네 참깨 밭
적적寂寂
모자라는 마음
어머니에게
몇이나 될까

황방산 아래 사람들

황방산이 이마를 무릎 아래로 쿵하고 뉘일 때가 있습니다 그 소리를 들은 사람은 아무도 없어도 마치 쿵 소리를 들은 양 말하는 사람들은 많습니다 산은 예대로 부동인 채 시꺼먼 그림자를 풀었다가 거두며 대지를 훑어 마시는 힘이 울울창창합니다 먼동이 트기 전의 진동이라서 늦잠 많은 사람들에게는 별로 관심 없는 일입니다만 천 년을 그렇게 건성으로 살아도 아무 병날 일은 없습니다 산이 한 번 마음 먹고 우레처럼 울 때마다 그 아랫마을 사람들은 기혈이 마냥 솟구친다고 합니다 어디까지 그걸 믿어야할지는 아무도 모를 일입니다.

풀과 바람

성깔 사납게 질주하는
바람의 이마에는
벌건 불티가 박혀있다
그 통로에 엎드린 풀들이
데쳐 넘어지지 않으려고
날마다 굴신운동을 한다
죽기로 마음 바꾼 빼센 풀들이
그 쓰리고 아픈 상처를 악물고
밤마다 이슬방울을 되작이며
일제히 꽃눈을 달고 일어선다
바람은 그들의 서슬 푸른 아우성에
전신을 뉘어 불티 하나씩을 잠 재우고 있다.

흙 속에서

지난 여름 아내는
팽나무 그늘 밑에서 송글송글한 땀방울을 말리며
난생 처음 겁도 없이 흙을 다루었다
흙은 칡소 고삐 풀리듯 잘 따라 주었다
채소 몇 포기도 순한 양처럼 고개를 끄덕였다
아내는 흙 속에 묻었다 꺼낸 헝크러진 지문을
노상 햇볕에 내다널며 점차로
그을러 갔다
팽나무는 아내의 머리 위에
가끔씩 소쩍새 몇 마리도 얹어주었다
지난여름 작은 농장에선
날마다 아내보다 호미가 먼저 녹을 벗겼다.

군소리 1

한 입 물어 펑펑 쏟아내지 못하고
가슴에 잉걸불을 묻고 사는 사람들의
화기가 위로만 솟아 오른다면
거룩한 말의 씨앗 한 톨 틔울 곳 없는
마뜩잖은 이 땅은
끝내 예토穢土가 되는 것.

그 사람

내가 보기엔 도라지거나 나리 같은 두메 사람은 아니다 그런데도 그는 두메 사람이라고 썩 우길 속이 좋다 어쩌다가 바람처럼 스치는 날이면 그에게선 산초냄새랑 더덕이랑 두릅 냄새가 진동한다 그렇다고 끝내 두메 사람이라는 별칭이 입에 붙은 그의 입심대로 곧이 들을 수는 없다 그는 날만 새면 대처를 물어다가 두메에다 붓고 두메를 물어다가 대처에다 붓고 사느라 짐깨나 즐겨 지는 짐꾼 같은 사람이다 내가 부르고 싶은 대로 들녘이라고 불러줘야 할지 그의 고집대로 두메라고 불러줘야 할지 종잡을 수 없는 어느 날 그가 햇볕을 쪽쪽 빨아들인 대추 한 바가지를 싸들고 왔다 그 속에 박힌 햇살이 산 그늘에 가려 반 평쯤 보이고 그 속에 스민 바람도 산 이마에 걸려 실오라기만큼 보인다 하루 해도 노루꼬리만큼 보이고.

겨울비 뒤에

언제부턴가 살아 있었다는
착한 형상들이 꿈틀거리고 있다
옆구리가 간지러운 모양이다
짓눌렸던 봄눈 사이 눈을 뚫고
아직 무슨 색깔도 묻어 있지 않은
그래서 이름표도 달지 못하는
그래서 이름도 불러줄 수 없는
무슨 비늘 끝에 피어나는 바람의 냄새 같은
무슨 아기씨 볼따구니에 서린 솜털 같은
꼭 장난 같은
겨울비 뒤에 한참을 홀린 나.

그리운 시인

태산목 싱그러운 가지위로
살포시 숨어 내린 하늘빛이
천 년 고운 청자빛이로구나
그리운 시인은 어디 가시고
뜰마루 쌍미닫이 밖으로
대바람 소리만 살랑이는가
청산 깊이 뻐꾸기 울음 따라
머나먼 나들이 길에 오르면
추억의 길섶에 서려오는 눈물
슬픈 목가 갈피마다 노을이 탄다.

---

* 슬픈 牧歌(1947), 대바람 소리(1970)는 신석정 선생의 시집.
2007년 석정 탄생 100주년 기념 문학제 노랫말.

노을

꽃들도 사랑을 하노라면
저렇듯 하늘이 노오라케 일렁일렁 울렁울렁
어지러울까

성스럽게 타오르는
치자꽃빛
숙고사熟庫紗 한 필.

물어 보아라

아직 몇 뿌리 더 남은
이빨에게
진정으로 물어 보아라

너, 살아가는 동안
온갖 잡것 달게 씹고
즐기면서

누구
새싹 같은 사람 하나
생즙 낸 일 없느냐고.

빚

빚 얻고
돌아오던 날
눈물도
기쁘다.

사월

배고픈 날
뒤란에 살구꽃
애처로이 피어있다

메마른 하늘 속을
허기지게 울어쌓는
황방산 소쩍새

어머니의 한숨이
질기게 걸려 있는
삭은 수수울타리 너머로
긴긴 하루 해가 더디게 빠졌다.

이 씨 간장집 앞에서

이 세기의 빗금에 서서
직립의 길을 찾지 못하는
군상들이여

빙점을 밟고 서있으면
아린 얼굴 가득
풋살구 같은 햇살이
불거져 나올 날은 없을 것인가

옹이 박힌 나무 하나
밧줄로 붙잡고 늘어지면
그 가지 끝에 토혈 같은
꽃 한 송이 피울 날은 없을 것인가

오늘은 어디로 가야하나
풍향기는 돌지 않고
심장 굴러가는 소리가
천둥처럼 쏟아지는 이른 아침.

장터에서

가을 한 나절
강천산이
제 낯빛을 도도하게 챙기기 시작한다
땀 몇 방울 떨구고 나서
순창 장터 국밥집에 들러
순대 한 접시
입맛 다시고 돌아 나오는데
베트남에서 왔다는 아가씨가 붙어 서서
찌그러진 골판지처럼 서툴게
'안녕히 가세요' 절 한다

구부리는 허리가 주인보다 더 깊다.

현정이네 참깨 밭

도시바깥 귀빠진 곳에
뙈기밭 몇 평을 얻어
땀방울을 콕콕 심고 돌아온 날 밤
그 밤하늘에선
별들이 손뼉을 쳐도 요란스럽게 쳤다는
증거가 두서넛 있습니다

흙이 입덧을 하기 시작하면서
햇살과 바람과 비까지 신맛 나게 달려들어
깨꽃을
깨끗깨끗
다닥다닥
피워낸 거 있고요

사그러진 입덧 뒤엔
식욕이 어찌나 펄펄 살아났는지
깨밭은
고양이 새끼 쳐도 모를
그런 징한 세상 만들어 놓고도

그것도 모자라 어깨 짜고 넘어지는
시늉까지 하고 있습니다

이제는 입맛 다실 것 더 없어도
날마다 그 참깨 밭에선
깨알들의 몸 비트는 소리가
꿈결에도 고소하게 들려오고 있습니다.

적적寂寂

인적 없는
산 아래 냇둑

실바람 하나
들깻잎 스쳐가는
가을 밭두렁

고추잠자리가 떼 지어
높다란 하늘 길을
사붓사붓 거닐고 있다.

모자라는 마음

살아가면서
누구 한 사람
서운하게 한 일 없는지
돌이켜 보거라

한 켜 한 켜 뜯어보면
분명히 서푼어치도 안 되는
모자란 마음이 저질러 놓은
불씨 하나가
상기도 삭지 않아

음산한 밤
전설 속의 외딴집 처마 밑처럼
등피 하나가 깜박일 것이다.

어머니에게

이승에서 어머니도 보셨습니다 구릉에 남아있는 논 한 다랑이가 망초꽃밭으로 묵은 채 몇 년을 두고 그들 세상이 돼버린 잔치머리를 어쩌지 못해 눈감아 주었더니 더 좋아라 얼싸절싸 춤추지 않았습니까

오늘은 당신에게 꼭 들려줄 이야기가 있어 망초꽃 핀 들판으로 당신의 은가락지 낀 손가락을 꼭 쥐고 나들이 갑니다 그런데 저렇게 지천으로 핀 망초 꽃들이 제 각각 키를 흔들며 무슨 생각들을 하고 있는지 나도 당신에게 풀어내야 할 이야기가 막상 가닥이 잘 잡히지 않아 고개를 마구 흔들어 봅니다

멀리서 가까이서 서로 기대며 비비며 부대끼며 살아가는 망초꽃들의 허리띠 밑으로 바람이 몸을 낮추는 걸 보니 무슨 엿들을 수 있는 이야기가 있을 것 같습니다 나도 당신의 귀밑으로 입을 낮추어 가까이 다가서렵니다

이런 날은 당신도 키를 낮춰주면 나도 망초꽃 망울망울 겨드랑이 곁으로 서게 되고 비로소 그들이 이 땅에 새끼들을 치고 살면서 때로는 넘어지거나 꺾어지거나 한숨짓거나 숨을 멈추어 하늘로 잦아지는 고난의 역사를 들을 수 있을 것도 같습니다

그렇듯 오늘은 나도 당신에게 늘 곧추서지 못한 채 망초꽃들이 제 그늘 밑에 주저앉아 울던 무수한 나날들처럼 몇 번이고 바닥쳤던 나의 시련의 눈물도 들려드릴 수 있으려니 싶습니다

당신은 괭이 하나 들지 못하는 나의 허약 때문에 망초꽃 더미 하나 넘어뜨리지 못하는 무능하고 게으른 사람이라고 생각했을진 몰라도 나는 망초꽃 나라의 정복자가 되느니보다 망초꽃과 동맹자가 되어 한눈을 팔면서 그 나라를 더욱 부강케 한 실은 어머니에겐 허상과 같았습니다

어디가나 하얀 망초 꽃만 보면 나를 향한 당신의 기막혀하는 눈빛이 아프게 꿰뚫고 들어 나를 또한 서럽도록 옥죄입니다 이제는 당신도 거기 흐드러진 망초꽃대 하나 붙들고 서서 어쩔 수 없는 나의 허허로운 영토를 물끄러미 지켜보고 계실 줄 압니다 어머니, 제 방식대로입니다.

몇이나 될까

한 생을 살아가면서
죽도록 보고 싶어 눈이 짓무른
그런 하늘 한 자락이 있다면
과연 몇 자 몇 치쯤이나 될까

꼬부려 세는 손가락 끝이
새삼스레 낯설어 보이는
낙엽 지는 쓸쓸한
어느 날 오후.

김남곤과 그의 시

단단한 목질로 깎은 빗장 하나 때문에

여기 재록再錄하는 이 글은 그 사이 내가 엮어낸 몇 권의 시집과 문학지 등에서 꺼내온 친경하는 몇 분의 시평詩評이다. 그동안 변변치 못한 나의 분신에 대한 그 분들의 기대에 부응하지 못한 채 그저 쭉정이 노릇만 해온 자괴自愧가 크다. 이 땅의 문단 말석에서나마 자주 들며 나는 시늉이라도 했었더라면 하는 아쉬움이 이만저만 아니다. 미련한 나머지 그것도 좁은 행동반경에 융통성이라고는 한푼어치도 없이 단단한 목질로 깎은 빗장만 지르고 살았으니 누구를 탓하겠는가.

서툴고 부끄러운 이 작업을 하면서 어느 한 분이라도 모셔서 매서운 질정叱正을 청하고도 싶었으나 용기 못내는 것은 어제나 오늘이 매한가지다. 그래서 대책 없는 나의 문재文才에 꿀밤을 주었던 몇 분의 고언 가운데 한두 대목을 옮겨 놓기로 한다. 고개가 푹 숙여진다.

– 저자 註

위와 아래가 없는 이상세계 | **신동욱**

유년회억과 靑山意志 | **최승범**

한국적 공간의 아픔 | **이기반**

시의 문법과 그 발자국 소리 | **허소라**

시와 인간과 삶의 동일성 | **이운룡**

위대한 보통사람 | **송하선**

위와 아래가 없는 이상세계

신 동 욱
(문학평론가)

한번은 많은 문우들과 부안 쪽으로 향했다. 동진강이 보이는 쉼터에서 모두들 둘러앉아 차를 마셨다. 넓은 개펄이 펼쳐져 있고, 일을 끝낸 배 몇 척이 뻘밭에 비스듬히 누워 있었다. 갈매기도 물길 따라 날아가버린 듯 썰물 따라서 뻘밭에는 작은 참게, 능젱이들이 기어 다니고, 빨긋빨긋한 해초들이 군데군데 군락을 이루고 있다. 옛 노인들이 나마자기 또는 나문재라고 부르던 해초인가.

밤에 읽은 김남곤 시인의 작품을 떠올리며, 뻘을 바라보고 또 바라보았다. 조선 땅 서해안에서는, 천혜의 뻘밭이 이어져 있어 조개, 굴, 게, 낙지 등과 해초류, 해조류가 풍성하여 좋은 식재들을 얻을 수가 있다.

뻘에 가로 누운 저 낡은 배도 밀물 때가 되면 어쩌면 한번 온힘을 다하여 물에 떠올라 제 구실을 할 수 있을는지.

폐선 한 척이 비스듬히 누워/ 가는 세월을 노려보고 있다/ 무수한 날 바다를 일구고 돌아온/ 퇴역의 그늘 밑에 줄지어 있는/ 가창오리떼들의 재재거림이 일없어 보인다//
한번만 더 물길이 입 맞춰 준다면/ 벌떡 일어섰다가 죽을 것도 같은데/ 뻘밭에 찔린 관절탓인가/ 얼씬도 못한다.

– 김남곤 〈폐선〉

평생을 꿈을 키워 온 이가 때를 만나지 못하고 좌절한 듯한 뜻이 담겨 있는 것 같고 다시 때를 만나 꿈을 이루려는 의지를 보이고 있는 것도 같다. '가창오리떼들의 재재거림'에 담긴, 민초들의 목소리 그것은 아마도 현실의 어긋남을 증언하는 뜻일 것 같다. 혹은 꿈을 성취하지 못한 한 지도자의 좌절을 말하는 것 같기도 하다.

또 작품 〈뿔〉에서는 식을 줄 모르는 저항의 의지가 담긴 존재를 노래한 것 같다. 짐작컨대, 소로 비유된 학대받는 자들의 견딤을 암시하고, 저항의 때를 엿보는 듯한 느낌을 나타낸 듯하다. 이러한 사상의 맥락에서 보면 〈왕소나무〉 같은 작품에서는 인고의 자세가 분명하고 '밥 없다'에 담긴 가난도 역시 민초들의 극심한 가난을 나타내고 있는 것 같다.

당산마루 집주인의 호의로 황토벌을 둘러보았다. 전봉준의 생가도 둘러보았다. 내가 혼자서 수긍하는, 오래 눌러왔던 어떤 울림이 신음처럼 낮은 소리로 나도 모르게 울려나왔다. 김남곤 시인의 마음 속 깊은 데서 되풀이하여 울리는 그 소리는 민초의 신음을 대변하는 것 아닌가? 한 예로서 〈조선 낫〉 같은 작품이 그러하다. 마음속에 지녀온 조선낫이 녹슬지 않게 간수함은 그것이 개인의 신념을 암시하는 농구일 것이지만, 시대를 이어오면서 불의와 맞서는 자세를 상징하는 것으로도 보인다.

> 굴절의 양심도 겹쳐보면서

이러한 시구에서 개인적 소신과 함께 시대 전체를 꿰뚫는 하나의 높은 비판 정신을 제시하고 있는 것처럼 보인다. 추측컨대 시대를 겪으며 기억 속에 담긴 민초 일반의 삶을 비추면서 그 속에서 필시 스스로 얻어낸 시적 인식들을 주요하게 시화한 것이라 하겠다.

한 시인이 꿈꾸는 새 나라는 아마도 이념으로 대립됨이 없는 그리고 위와 아래도 없는 이상세계일 듯하다. 아마도 〈사람들의 나라(1)〉에 그러한 꿈의 한 모습이 나타나 있다고 짐작된다. 별과 강의 융섭이 그러한 경지를 그린 산수화 같은 느낌이 든다.

> 별을 별이라 스스럼없이 부르고/ 강을 강이라 부끄럼 없이 부르던/ 아득한 옛날/ 별은 강물속으로 내려와/ 시리게 더욱 빛났고/ 강은 별 밭 속으로 올라가/ 푸르게 더 넘실댔다.
>
> – 김남곤 〈사람들의 나라(1)〉

서정시로서 이처럼 융화의 경지라고나 할, 하나의 이상경을 꿈꾸며 표현한 것으로 보인다. 아마도, 시인은 역사를 꿰뚫고 그 많은 시대의 어긋남이나 문제들 속에 가려진 시 정신을 캐어내는 일을 그 직분으로 삼는 것인가. 높고 정결하고 먼먼 이념의 빛이, 생명의 강, 만물의 목숨을 목숨이게 하는 강에 내려와 그 원래의 빛을 발하게 하고, 목숨을 목숨으로 이어가는 긴긴 인간의 역사를 하늘의 뜻 그대로 근원적 의미로 살아가게 하려는 뜻일 것이라 짐작된다. 홍익인간의 원형적 심상이라고 짐작되기도 한다.

유년회억과 靑山意志

최 승 범
(시인 · 문학박사)

김남곤 시인의 시 세계에서 느낀 바는 한 마디로 말하여 김 시인의 유년 회억과 청산의지靑山意志였다. 공감 · 공명의 폭도 넓고 컸다.

유년 회억의 시편들을 본다.

> 소나기 같은/ 삼대 같은/ 비호같은 코빼기들/ 자고나면 호박 넝쿨이/ 한 자씩이나 가로막는/ 만성리 고샅길/ 자주 손 맞는 아이들끼리/ 서로 쫓기고 쫓으면 어느 사이/ 무르팍에선 장미꽃이 피었다가 이운다/ 그래도 언제 그랬느냐는 듯이 다시/ 그 이튿날도/ 그 그 이튿날도 바람개비 공장만/ 부러진 날개 고치느라 부산했다.
>
> — 〈유년의 고샅〉 전문

시행에 드러난 바와 같이 김 시인이 생장한 고향은 '만성리' 현재는 전주시에 편입되어 있으나, 저 때는 완주군 조촌면 萬成里

였다. 물론 '고샅길'도 만성리였다. 지금과는 달랐을 터, 돌부리 솟은 길이었을 것이다. 반세기 전만 해도 저러한 고샅길에서 무릎 한 번 깨이지 않고 유년시절을 난 이는 없을 것이다. 김 시인의 저러한 '고샅'에 대한 회억은 아름다운 정경으로 돋는다. 오늘의 페이브먼트보다도 저 고샅길에 뛰놀며 자란 어린이들에게서 더 튼실함을 느낄 수 있기 때문이다. 이 말 밖의 말 '言外言'에 이 시의 주제는 있는 것이 아닐까.

우리는 이 시에서 발랄한 생동감에 젖는다. 김 시인이 선택한 시어들—골목이 아닌 '고샅' · 코가 아닌 '코빼기' · 넌출 아닌 '넝쿨' · 무릎 아닌 '무르팍' · 팔랑개비 아닌 '바람개비' · 바쁘다 아닌 '부산하다'—에서도 그것을 느낀다.

> 연장 잡는 손이 옹골지지 않아/ 으레 버긋나긴 했어도/ 흙살 밑으로 흙살을 더욱 깊이 파서/ 내 묵정밭을 일굴 때마다/ 삽은 흰 이빨을/ 살짝살짝 드러내며/ 수줍은 안사돈처럼 웃었다
>
> —〈삽이 나에게〉에서

오늘의 어린이들이 '연장', '흙살', '묵정밭' 등의 낱말을 얼마쯤 알고 있을까. 김 시인은 고향 회억의 시편들에서 낱말 하나하나에 많은 저울질이 있었음을 본다. 그리고 그것은 오늘보다 어려운 삶의 고향이었지만 결코 나약하지 않은 건강성에 초점을 두고 있다.

> 유년의 마을에 살다간/ 찌러기 소 한 마리는/ 콧대가 쇠말뚝처럼

드세서/ 코청에 박힌 코뚜레가 늘 불 먹어 삭았다.

— 〈뿔〉에서

녹초 나게 때려눕힌/ 도리깨의 불 먹은 직성도/ 서늘하게 웃음 지을 낮꽃 세우려면/ 한 사날 허청 밖에서/ 뿔난 무서리를 뒤집어 쓴 채/ 뼈 곧은 가문 탓을 해야 할 것이다.

— 〈타작 마당〉에서

얼마나 계산된 어휘 선택인가. 오늘을 위한 건강성에 초점을 둔 유년 회억의 울림에 젖을 수 있다.

오늘은 하서下書 깊이 잠긴/ 아버지의 카랑한 기침 마디가/ 꼿꼿하게 일렬로 서서/ 잠든 내 나태를 일으켜 놓고/ 주먹처럼 먹 점 하나 찍어/ 이마에 따끔하게 달아보이누나

— 〈父書, 그 마지막 점〉에서

뱃구레가 커서 늘 허덕이던/ 할머니의 뒤주와 어머니의 뒤주는/ 뱃구레가 작아도 궁색하지 않은/ 아내의 뒤주보다 도량이 더 넓었다

— 〈뒤주 이야기〉에서

오늘날 유년의 아이들에게 있어야할 어버이의 상까지를 생각하게 한다. '아버지의 카랑한 기침마디'와 할머니 · 어머니의 넓고도 큰 '도량'과 '궁리'가 오늘의 어린이들에게 모자란 어버이상이다.

우리 집은 팽나뭇집이라 불렀고 당숙네 집은 은행나뭇집이라 불렀다… 지금은 팽나뭇집도 은행나뭇집도 누가 그렇게 입맛 나게 불러주는 사람도 없다 팽나뭇집도 은행나뭇집도 김 아무개네 문패가 떨어져나간 지 오래다 그래도 팽나무는 팽나뭇집을 팽팽하게 지키고 은행나무는 은행나뭇집을 은은하게 지키며 질리지도 않게 살아가고 있다

— 〈木神의 집〉에서

김 시인의 유년 회억의 시편들에서는 실로 '팽팽한' 건강성과 '은은한' 유연성이 담겨 있다. 한갓 가볍고 낭만적인 회상이나 추억이 아니다. 오늘의 우리들 삶에 구심점을 두고, 시 구성 낱말의 하나하나도 지극히 계량적이다. 그리하여 특히 김 시인과 같은 유년시절을 보냈던 독자들에겐 김 시인의 유년 회억 시편들이 튼실하고 아름다운 미학으로 가슴에 물결져 옴을 느끼게 된다. 앞에서 김 시인의 시가 지닌 구심점이란 말을 하였거니와 이 구심점은 세상을 사는 김 시인의 '견고한 내수內守'로 이루어진 것이다. 말하자면 김 시인의 세상살이 · 사람살이의 철학이다. 이를 청산의지라면 어떨까. 청산의지라면 좀 생소하게 들릴지 모르나 '청산녹수'의 저 푸르고 맑은 세상을 지향하는 의지를 말하고자 한 것이다. 청산이 갖는 상징성은 높고도 깊다. '어머니의 품', '사군자', '우주 질서', '이상향' 등을 상징하기도 한다.

한국적 공간의 아픔

이 기 반
(시인 · 문학박사)

김남곤 시인은 나보다 남을 배려할 줄 아는 이 시대의 신사다.

그 인간성 만큼이나 투명하게 인생을 살고 있다.

그의 시에는 생래의 양심과 진실을 바탕으로 한 인간애와 생명 존중 의식이 깔려 있다.

거기에다 비평적인 혜안으로 삶의 현실을 돌아보며, 그 현장을 고발하는 역사비평의 정의감에 불탄다.

또한 동양적인 한의 정서와 한국적 공간의 아픔 속에서도 별을 헤는 푸른 하늘이 있다.

> 어머니의 숟가락은 끼니때만 되면 아픈 분할을 시작했다
> 그때마다 숟가락 끝에선 바람이 비벼가는 가느다란 단소 소리가 들렸다
> 그 떨리는 주먹을 무슨 깃발 하나가 감아서 서럽게 다독였다

깃발은 눈물 묻어 축축했지만 빛나보였다
그 주먹이 더 이상 분할을 시도할 수 없었을 때쯤
어머니의 숟가락은 끝모를 영역으로부터 청 녹이 슬기 시작했다

하늘빛하고도 바꿀 수 없는.

— 〈어머니의 숟가락〉 전문

김남곤 시인의 시에는 우리 민족의 정한이 그 주류를 이루고 있다. 그러므로 이 작품을 읽는 이는 가슴깊이 사무쳐오는 아픔이 있을 것이다.

더구나 이 강한 아픔이 고도한 상징성에 의해 형상화되었기 때문이다.

최근에 발표된 〈어머니의 숟가락〉에 담긴 시의식만 하더라도 우리 민족혼의 표상이라 할 수 있다. 그러기에 '하늘빛 하고도 바꿀 수 없는 어머니의 숟가락'인 것이다. 어머니의 숟가락 그것은 바로 청 녹이 슬기 시작한 그것이지만, 그 청 녹은 푸른 하늘빛보다 값진 민족혼임에 틀림없으니, 민감한 동질성의 발견도 놀랍거니와 그것으로 유추작용의 형성에 이바지한 시의 기법에도 주목할 만하다.

시의 문법과 그 발자국 소리

허 소 라
(시인 · 문학박사)

김남곤 시의 첫 문법은 겨자씨만한 '자기보기'로부터 시작된다. 흔히 우리가 잊고 살아온 의식의 밑바닥이거나 체험은 안했으나 이미 팽개쳐버린 낡은 과거 속에서 씨앗을 키운다. 따라서 그의 시어들은 유달리 구호가 우렁차다거나 보무당당하지도 않다. 그리고 독자들을 자신의 시 문법 속에 우격다짐으로 끌어들이거나 가두어 놓으려 하지 않는다. 그의 평소 성격처럼 물 흐르듯이 순리에 맡긴다. 그러나 때에 따라선 평범한 사람들의 나라에서 온 편지 한 통만으로도 번갯불 같은 짱!을 내기도 한다.

다음의 시 한 편을 보자.

> 오랫동안 벽에 붙어살던/ 아버지의 낡은 외투 벗겨 입고/ 무서리 덮인 동구 밖을 나설 때/ 발부리를 찬찬히 살피던 새벽 별빛이/ 선잠을 털며 따라 나섰다// 길 아닌 길을 골라 조심스럽게/ 깜깜

한 구릉을 빠져 나서자/ 식은땀에 젖어 김이 피어오른 눈썹 아래로/ 허깨비 되어 안개발에 잡힌 듯/ 지나쳐 온 길은/ 온데간데없이 사라졌다// 하루도 안 걸려 돌아올 나를 두고/ 무슨 땅덩이라도 떠메고 올 사람인 양/ 문밖까지 눈이 부시도록 기다리는/ 어머니의 깊은 밤도 있었다/ 오늘 나는 늙은 아비가 되어/ 아버지 없는 방에 외투를 걸어놓고/ 어머니가 기다리던 눈부신 밤의/ 눈물이 되고 싶어도/ 머나먼 길 떠날 일 없어/ 새벽별만 혼자서 문밖에 서 있다.

–〈새벽길 떠날 때〉 전문

반드시 '표제시=대표시'라는 등식에 이끌려 전문을 소개한 것은 아니다. 그만한 이야기꺼리가 있기 때문이다. 이 시를 굳이 그림으로 그린다면 그것은 오갈 데 없는 한국화라야 할 것이다. 아버지는 오래 전에 돌아가셨는데도 그 낡은 외투를 태우거나 버리지 않고 벽에 걸어놓았다가 그대로 입고 길을 나선다는 것은 실제 외투 그 자체의 묘사이면서도 기실은 아버지적인 것의 승계를 보다 함의하고 있다. 가계상으로나 정신상으로는 아버지가 상기도 살아계신 것이다.

그러나 그 옛날 아버지가 걸었던 길과 오늘 내가 가는 길은 시간상으로나 공간상으로 결코 같지 않다. 아버지라면 어둑신이 같은 작은 눈으로도 헛발 딛지 않고 성큼성큼 걸어가셨을 그 길이 나에겐 깜깜한 구릉을 빠져나와야 하는 길이요 그나마 허깨비가 되어 안개발에 잡힌 듯 온데간데없는 길이 되고 만다. 아버지가 걸으셨던 새벽길과 내가 걸어간 새벽길엔 '새벽별이 동행된 사실과 문밖까지 눈이 부시도록 기다렸던 어머니의 정성만이 동일할 뿐 길의 트임이나 결과는 전혀 다르다.(본문에는 나타나지 않았지만)

아버지의 길은 목적이 확실하고 일정한데 반해 현대를 살아가는 나의 길은 불확실하고 문자 그대로 내일을 모르는 암담한 길인 것이다. 이는 겉으로는 '아버지', '어머니', '나'가 등장하는 한 가정의 가족사적 에피소드로 보이나 시의 묘미는 거기에 있지 않다. 이 속에는 아버지 문화로 대변되는 수직사회가 아들 문화로 대변되는 수평사회로 넘어 오면서의 상충 속에서 길 없고 뿌리 없는 아들 문화의 방황을 상징적으로 보여주고 있다. 아버지 문화는 죽고 아들 문화의 황금시기가 된 요즈음, 이웃 일본에서는 오래전부터 역수직화 운동이 전개되고 있다. 그것은 단순한 과거에로의 복귀가 아니며 전통사회의 장점을 찾아내어 현대에 접목하자는 일종 문화운동이다.

이 시에서 주목해야 할 것은 아버지의 외투가 단순히 오랜 세월 벽에 걸려있는 게 아니라 벽에 붙어 '살아왔다'는 사실이다. 살아있다는 것은 아버지 문화의 그 우직한 신념을 지금도 보존하고 있다는 의지의 표현이다.

시인 김남곤 그는 시인으로서나 생활인으로서나 오갈 데 없는 토종이요, 원형의 상쇠요, 순수의 작은 숲이다. 평생 그가 신봉하고 함께 걸어 가야할 시어도 마찬가지다. 흔히 '시인은 차라리 언어를 이용하지 않는다'라는 말이 있다. 이는 산문이 언어를 혹사하는 데 반해 시는 오히려 언어에 봉사하고 있다는 뜻에 다름 아니다. 그가 구사하는 시어들은 피할 수 없는 고유명사 외에는 거의가 구체어이며 곳간에 오래 숨겨져 있던 순수 우리말들이다. 그 말들을 유기그릇 닦듯이 갈고 닦아 적재적소에 배치함으로써 독자들을 요술나라로 인도한다.

우선 그가 펴낸 3권의 시집 즉 ≪헛짚어 살다가≫, ≪푸새 한마당≫, ≪새벽길 떠날 때≫나 칼럼집 ≪귀리만한 사람은 귀리≫, 산문집 ≪비단도 찢고 바수면 걸레가 된다≫ 등의 책 제명에서부터도 그렇다. '헛짚어', '푸새', '바수면' 등 그가 부리는 언어들은 순수 우리 토속어로 외국어로 번역하기가 쉽지 않은 말들이다. 이밖에도 '너럭바위 등지고', '솟을 대문 달아놓고', '늙은 회화나무', '이 땅의 어질병', '허깨비 되어 안개발에', '옹이의 반란', '광맥 같은 피돌기', '뉘집 양념단지', '별들이 한 소쿠리씩', '풋보리 잡아다가', '허청에는 허드레 짚', '별을 일궈내는', '호주머니 안창', '가던 길을 째고' 등 불과 몇 작품에서 솎아낸 우리 토속어들이다.

한 마디로 그의 모든 시집이나 산문집은 순수 토속어의 움막집이요 조합단지이다. 그는 일상 대화에서나 공석 상에서의 식사式辭에 이르기까지도 난삽하고 딱딱한 한자어 대신에 순수 우리말을 즐겨 쓴다. 따라서 그의 대화 속엔 어떤 관념어나 트릭이 전혀 없다. 알아듣기 쉽고 자상하다. 이는 곧 상대방을 편안케 해주고 함정에 대한 의심을 말끔히 지워준다는 뜻이기도 하다.

김남곤의 시와 삶이 궁극적으로 무엇을 지향하고 무엇을 염원하고 있는가를 잘 보여주는 글이 하나 있다.

비비새는 다만 좁은 시공을 날면서 먹이를 찾는 치열한 율동이 있을 뿐 부리를 날카로운 송곳으로 연금하거나 여린 날개를 거친 널빤지로 둔갑시키는 위세는 절대로 부리지 않는다. 그럴 가능성이란 눈곱만큼도 없는 새다. 꽈리보다도 더 작은 모이주머니에 하루 양식을 채우면 그 뿐, 넘쳐서 흐르고 허실되는 소유를 탐하지 않는다.

— 〈비비새의 깨알 눈〉에서

이 글은 그의 산문집에 들어 있는 한 편의 수상록으로 산문집(≪비단도 찢고 바수면 걸레가 된다≫)의 표지에다 새겨 넣으리만치 소중히 여기는 대목이다. 자세히 음미해 보면 이 글은 단순한 비비새의 생태학적 관찰기가 아니다. 그는 산문에서도 이처럼 시에서 구사하는 은유나 상징을 자주 활용하고 있다. '여린 날개를 거친 널빤지로 둔갑시키는 위세는 절대로 부리지 않는' 비비새, '하루의 양식을 채우면 그뿐, 넘쳐서 흐르고 허실되는 소유를 탐하지 않는' 그 비비새의 생리는 바로 김남곤 시인의 분신이며 적어도 그렇게 인생을 살고파하는 이념의 표상물이기도 하다. 그러한 삶의 철학이 그의 시 전반에 잘 수놓아져 있다.

다음 시를 보자.

빛의 전령이 어디까지 숨어들어야/ 어둠의 끝에 비치는 머리카락 보일까/ 잡히지 않는 허물이며/ 그 사이에 박혀 있는/ 옹이의 반란// 끌은 끝내/ 어둠을 찍어내어도 어둠 끝에서/ 어둠과 만나는 피 끓는 어둠밖에 없다// 얼마쯤 달래며 내려가야만/ 어둠의 이마에서 불티 날리는/ 광맥 같은 피돌기를/ 도려낼 수 있을까// 끌은

제 몸으로 어둠을 부셔/ 죽도록 어둠을 만든다.

— 〈끌〉 전문

지극히 단순한 '끌'의 생리를 통해 우리 인생살이를 암유하고 있다. 이는 시의 언어가 단순한 의미의 전달이 아니라 체험의 전달이라고 할 때 그 언어는 표현의 매체가 되고 이 매체는 나름의 구조를 가져야 한다. 그러므로 독자는 시인의 말을 듣는 것이 아니라 시의 말, 즉 시인이 시어를 통해 제시한 상상력의 변용으로부터 재구성되는 체험을 받아들이는 것이다. '끌'의 경우 끌이 단순히 구멍을 뚫는 것으로만 전달되는 것이 아니라 상상력의 변용 때문에 독자의 기존의 내면 체험과 접목되어 단순한 구멍 뚫기로부터 여러 가지 복합체험으로 확산케 된다. 그 확대 체험에 의해 독자들은 스스로 끌의 운명과 인생살이의 한 단면을 자연스레 연결 지어 볼 수가 있는 것이다.

시와 인간과 삶의 동일성

이 운 룡
(시인 · 문화평론가 · 문학박사)

김남곤의 시는 삶의 역동적 표현이다. 그가 추구하는 시 세계를 알아보는 일은 매우 중요하고도 의미 있는 작업이다. 왜냐하면 그의 시는 관념으로서만 존재하는 사실이나 사물의 표상이 아니라, 그의 시는 자신이며, 그 자신의 역사이며, 그 자신의 삶의 궤적이기 때문이다. 그가 관심을 모으고 있는 시적 대상물은 주로 나와 가족과 이웃, 삶의 집약과 역사에 대한 반추 등으로 대별된다.

이것을 소재의 특성으로 분류하면 인물소재, 역사소재, 현실소재, 시인의 내면적 의식세계 등의 측면에서의 조명이 가능해진다. 인물소재는 〈어머니의 현기〉, 〈가을 애상〉, 〈봉선화만 봉선화만〉, 〈쑥떡 속에서는〉, 〈아버지〉를 대표작으로 손꼽을 수 있다. 이 시들에서 주목되는 것은 두 가지다.

하나는 한결같이 가난한 삶의 표상이라는 점이다. 우리나라 농

촌 서민들의 고달픈 생활이 그의 가족을 중심으로 재구성되어 있다. 어렸을 때의 경험 내용인 가난과 눈물을 그는 애상적 감상으로서가 아니라, 당 시대적 삶의 아픔을 자식의 세대에서 확인하고 그에 대한 연민의 정을 윤리적인 차원에서 노래하고 있는 것이다.

다른 하나는 회상 시제로 표현된다는 점이다. 시인은 객관적 위치에서 설화자가 되어 있고, 주체는 아버지와 어머니이다. 어린 자식의 눈에 비친 이들의 삶의 모습은 지긋지긋한 가난과 고생이다. 이 시인의 시에 한 가지 의문이 있다면 그것은 미래 지향적 낙관이나 희망이 아무 데도 보이지 않는다는 점이다. 그에게는 항상 응혈진 과거가 집요하게 따라붙고 있을 뿐이다. 이것만 보아도 그의 시는 관념이나 헛된 망상이 끼일 틈이 없다.

그의 시는 곧 자신의 체험의 소산이고 삶의 표백이기 때문이다. 현실 저쪽 바깥에 있는 몽상의 세계, 구체적으로 꿈과 비전이 있는 미래의 세계는 어쩜 김남곤의 시세계에서는 사치스런 언어의 유희일지도 모른다. 그의 의식 심층에는 한국적 가난이 못으로 박혀 있고, 아직도 이것을 뽑아버리지 못한 아픔을 지닌 채 일단은 시의 소재원으로 그 영역을 넓히려는 데 필요조건이 되고 있다는 것을 이해한다면, 그에게는 미래라는 것이 그다지 중요한 것만은 아니라고 본다. 어찌되었건 미래는 항상 미래일 뿐이지 원하는 만큼의 충분조건이 되는 것은 아니지 않겠는가. 그래서 그는 미래보다도 과거의 역사적 사실에 더 비중을 두고 회상과 반추의 터널을 뚫고 있는지 모른다.

어머니의 스물과 서른/ 마흔의 언덕빼기에는/ 액운이란 액운이 끼었어도/ 우리나라 점쟁이들/ 입버릇처럼 끼었어도/ 쑥밭에 파묻혀/ 희멀겋게 살아온 시대/ 그래도 우리들에겐 끼니라는/ 엄숙한 시간이 있었다/ 쉰의 어머니는/ 예순의 어머니는/ 그 목메인 회억의 등에 업혀 나와/ 오늘은 향수 같은 떡을 빚는데/ 손주들에겐 아주 낯설은/ 소 뭣 같은 떡을 빚는데/ 안개서린 망막 속으로/ 젊디젊은 날 붉덩치마 끄시는/ 허위적 소리도 끌려나오고/ 앙금 풀린 어둠 같은 한숨소리/ 긴긴 물레소리도 흘러나오고/ 종일토록 비 내리며/ 삭은 담장 무너지는 소리도/ 들것에 실려 나왔다

— 〈쑥떡 속에서는〉 전문

눈물겹도록 아름다운 시이다. 어머니의 애절한 생애가 간결한 구성으로 집약되어 있다. 액운이 많았던 어머니는 쑥떡으로 가난을 땜질했던 그 옛날의 쑥떡을 지금에 와서 다시 빚으신다. 이제는 가난해서가 아니라 별미이겠지만, 쑥떡을 빚으시는 회억의 망막 속에 젊은 시절의 고생과 한숨이 하나하나 점철된다. 이처럼 인물 소재의 시편은 애잔한 삶의 한맺힌 노래요, 그것은 회상 속에 굴절된 모습으로 떠오른다.

역사소재의 시는 〈遺民의 돌〉, 〈周留城에서〉, 〈콩깻묵〉, 〈細田里 토기〉, 〈겨울바람 속에서〉, 〈百濟의 비〉 등이 관심을 끈다. 그의 회상 시제는 역사를 반추하는 시에서도 그대로 드러난다. 이 시인은 자신의 삶의 터와 여기에 뿌리박고 살았던 옛 조상들의 당대 현실에 초점을 맞춘다. 말하자면 가야시대 그 이전 역사에서 백제 멸망사와 일제 학정사까지 통시적 관점에서 조명하고

있는 것이다. 가야시대의 인물로 출토된 〈세전리 토기〉는 하나의 충격으로 역사의 실체가 된다. 그의 역사 인식은 허무와 어둠의 변주곡이다.

> 망초대 넘어진 땅 속에서/ 그렁그렁 울고 있었다/ 네 앞의 눈 먼 선사도/ 어두운 구렁에 빠져 자맥질하던/ 긴 잠의 요통을/ 끝내 어루만져 줄 수 없어/ 실신하고 있었다.
>
> – 〈세전리 토기〉에서

오랜 역사 속에서 깨어난 조상의 숨결을 통하여 그는 인생 무상함마저 지울 수가 없는 것이다. 결국 인간, 인생이란 것은 밥을 만들고 밥을 먹고 살다가 죽어지는 몇 천 년을 이렇게 훌쩍 건너뛰어 낯선 유물로 남는다는 교훈을 은근히 드러내 준다. 좀 더 구체적으로 역사 사실을 진술한 시는 나당연합 세력에 패망한 백제 기행의 시편이다. 여기에서 그는 가슴 미어터지는 격정과 울분을, 그 원한 감정을 토로함으로써 역사란 것이 단순히 교훈으로만 남는 것이 아니라, 부단히 살아있는 정신의 중심이요 그 맥이라는 것을 실증해 준다.

> 서천에 깃발 하나 덮어놓고/ 흰죽사발처럼 뒤집어 쓴 눈/ 질긴 숨 거두며/ 만세 한 번이나 불러봤을까/ 밀어내기 땅 끝/ 만근이나 무거운/ 저승 잠에서 깨어나/ 울고 있는 너/ 삭은 애간장/ 천 년도 더 쥐어뜯은/ 주류성 풀피리 소리/ 백제 할압시 할메적/ 몇 냥 어치 두드러기 난 바람이/ 지금도 썩썩하게 몸 풀고 일어나/

용천뱅이 같은 이마에 부싯돌 치면/ 온 땅 불질러 남을/ 火食 한 덩이

– 〈유민의 돌–주류성에서〉 일부

부안 개암사 뒤에 위치한 주류성은 망해가는 나라를 회생시키고자 끝까지 남아서 항쟁한 백제 선조들의 비운이 서려 있는 곳이다. 처참하게 죽음을 당한 백제의 원혼들이 아직도 울부짖고 있는 성, 그들은 죽었지만 그들의 기상은 죽지 않고 '용천뱅이 같은 이마'가 치를 떨고 있는 성, 여기에서 시인은 의분과 전율을 느끼는 것이고 지나간 한 시대의 꺾인 역사가 후손들의 가슴 속에 살아 어떻게 움직이고 있는가를 휴머니즘의 입장에서 극명하게 보여준다. 가까이는 이제 식민지 폭압과 학정에 시달려 굶주렸던 우리들 동시대의 민족적 서러움을 재구성한다. 일제말기의 광포한 착취와 식량 수탈, 그보다 더 2차대전 때 강제징용으로 희생된 동포들의 죽음을 그 어떤 무엇으로도 보상할 수 없다는 논리는 먼 옛날이야기가 아니다. 그는 이러한 역사의식을 바탕으로 억눌리고 빼앗겼던 우리 민족의 열악한 처지를 한숨 겨워하고 있다.

우리 집 허청에는/ 수레바퀴만씩한 콩깻묵이/ 황토벽을 문지르며/ 벌겋게 몸살하고 있었다/ 지겹고 등창나기 시작한 콩깻묵은/ 자고나면 어디론가 아픈 신음만/ 켜켜이 흘려놓은 채/ 흔적도 없이 사라졌다/ 시방도 귀 기울이면/ 그 콩깻묵 굴러가는 소리가/ 산 너머 너머/ 해묵은 무덤 속에서도 들려오고/ 살아 있는 사람들의

핏줄을 타고/ 불쑥불쑥 튀어나와/ 내 으깨진 기억의 토막을/ 땜질하고 있다

— 〈콩깻묵〉에서

콩깻묵은 콩기름을 짜고 남은 찌꺼기이다. 식량을 수탈해 간 일제는 콩깻묵을 먹으라고 마을 단위로 배급했다. 썩어 문드러진 콩깻묵 가마니는 고향집 회실에도 있어서 나도 이것을 먹어보았다. 이 시에서 '콩깻묵'은 역사적 의미와 함께 절량의 궁핍 속에 허덕이는 우리 민족의 피맺힌 설움을 함축하고 있는 상징어이기도 하다. 이와 같이 역사소재의 시들은 과거 속에서 선조의 슬기와 정신을 재발견하기도 하고 민족의 흥망에 대한 당 시대적 상황을 연민과 고통으로 회상하기도 하며, 식민지 치하의 열악한 불모상황을 後世史에 고발하기도 한다.

위대한 보통사람

송 하 선
(시인. 우석대 명예교수)

'위대한'이란 말은, 아무 이름 앞에나 붙이는 관형어는 아니다. 사회적 국가적으로 그 명성이 드높고, 국가와 인류사회에 크게 기여한 인물 앞에 붙일 수 있는 관형어라고 할 수 있다. 가령 최근에 선종善終하신 김수환 추기경을 '위대한'성직자라고 추앙한다면, 그걸 부당하다고 가로막을 사람은 아무도 없을 것이다. 성聖과 속俗을 아우르는 큰 어른이었다는 점에서 '위대한'이란 말은 가능한 것이다. 마찬가지로 '위대한' 성웅 이순신이라고 높이 추앙하여 부를 때에도 그 경우는 비슷할 터이다.

그러나 조금 경우를 달리하여 ≪위대한 촌놈≫이라는 제목을 붙인다거나, ≪위대한 보통사람≫이라는 글 제목을 붙인다면, 거기에는 약간의 해학諧謔이 스며있는 표현이라는 걸 누구나 직감하게 될 것이다. 가령 그런 글을 쓰는 사람이 아주 가까운 친구사이라거나, 일테면 자기 스스로 그와 지기지우(知己之友, 혹은 知音)

라고 자처할 수 있을 때, 약간 익살스럽게 붙일 수 있는 제목이요 호칭이 아닐까 싶다. 그리고 그런 의미에서 윤흥길(소설가)이 쓴 김년균 시집 ≪바다와 아이들≫(1979)의 발문, ≪위대한 촌놈≫이라는 제목이나, 이 글의 제목 ≪위대한 보통사람≫도 가능한 말이 아닐까 싶다.

곰곰이 생각건대, 외우畏友 김남곤金南坤은 정말 보통사람이다. 그러나 '위대한' 보통사람이다. 하지만 사실, 처음부터 그의 이력履歷이 위대하고 화려했던 것만은 물론 아니다. 탑을 쌓듯이 착실하게 내공을 쌓은 연후에 비로소 그의 인생의 꽃이 화려하게 개화한 것이다.

우선 그를 진정으로 관찰하려면 허투루 해서는 안된다. 안으로 후비고 들어가서 관찰해야만 그의 진면목을 발견할 수가 있다.

허투루 그를 관찰할 경우, 그는 사실 인품이 걸출하다거나, 대중 앞에 언변이 달변達辯이라거나, 높은 학벌로 번지르르하게 자랑할만 하다거나, 문명文名이 별처럼 드높다거나, 심지어는 여자 꼬시는 재주가 능수능란하다거나, 그것도 아니라면 패션감각이 남달리 뛰어나다거나, 어디 하나 추켜세워 말하고 싶은 데가 별로 없는 그런 위인爲人이라고 볼 수 있다.

그럼에도 불구하고 그는, 지금까지의 그가 맡은 직무 수행에서, 정말 놀라울 만큼 능력을 과시해 왔다. 처음 기자記者로 출발하여 바로 그 기자생활의 문덕文德으로 최초의 직선 편집국장이 되었고, 이어서 이 지역 문협 회장, 예총회장 등을 누구보다도 넉넉하게 잘 수행했고, 그리고 그가 편집국장으로 직무를 수행했던 바로 그 신문사에 사장으로 부름을 받았고, 사장으로 앉은 자리에서 다시 또 자매학교(우석대학교)의 이사장으로 추대되기까지, 그야말로 그의 인생살이의 여정旅程은 실로 승승장구의 역사였다고 말할 수밖에 없다. 그의 지금까지의 인생살이의 역사는 계속 올라가기만 했지, 단 한 번도 내려간 적이 없다.

이것은 무엇인가? 그가 승승장구의 역사를 만들어갈 수 있었던 비결은 과연 무엇인가?

그것은 결국은 '사람'이다. 그의 인생의 승리의 비결은 결국 '사람'이 재산이요 무기일 수밖에 없었다. 누가 보아도 '무던한' 사람, 누가 보아도 '무던한' 인간으로서의 기본자격이, 그를 지금까지의 인생살이의 승리자로 이끈 견인차牽引車였다고 말할 수 있는 것이다.

그러므로 내가 여기서 말하는 '위대한' 보통사람의 근거는, 그가 무슨 예총회장의 이력을 안고 있다거나, 그리고 현재 신문사 사장을 하고 있다거나, 그런 인생살이의 직책상의 문제는 이미 아니다. 보다 더 본질적인 인간의 가치, 그것도 협소한 의미에서의 가치가 아니라 좀더 광활한 의미에서의 가치, 그의 인간으로서의 기본자격을 말하려는 것이다.

앞에서 나는 그를 '사람'이라고 했다. 누가 보아도 '무던한' 사람이라고 말한 바 있다. 그는 정말 인간적인, 진실로 인간적인 사람이다.

그를 허투루 관찰하지 않고 조금만 더 후비고 들어가서 그를 읽어보면, 그는 정말로 살갑고도 따뜻한 사람이요, 넉넉한 품성과 도량을 지닌 사람이요, 남을 배려할 줄 아는 사람이요, 무엇보다도 그는 빈틈없이 일을 처리하는 꼼꼼한 성격의 사람이요, 무엇보다도 그는 바르고 정확한 판단력을 지닌 사람이다.

나는 그의 그런 정확한 판단력을 특히 좋아한다. 그를 여유 있게 후비고 들어가서 관찰하여 보면, 매우 감성적인, 소년 소녀에게서나 볼 수 있음직한 시골티의 때 묻지 않은 감성을 발견할 수 있기는 하지만, 일단 어떤 일의 사리를 분간해야 될 즈음에 이르면, 차갑고도 매서운 이성적인 면모를 보여준다. 가차 없이 그의 이성적 칼날이 작용한다. 그때 그 이성적인 판단은, 내가 보기에 언제나 정확하다. 그의 집도執刀는 언제나 정곡을 찌른다.

어느 누구라도 그의 정확한 판단을 따라, 그가 제시하는 길을 따라가면, 그것은 언제나 바른 길일 것이다. 어느 누구라도 그가 제시하는 길을 따라간 사람은 손해를 보지 않을 것이다. 손해를 보지 않을 뿐만 아니라, 당당하고도 넓은 길이 그의 시야에는 들어올 것이다.

나도 언젠가 그에게 중요한 자문을 구한 적이 있다. 중요한 자문을 구할 때, 그는 절대로 허투루 듣는 법이 없다. 허투루 듣지 않을 뿐만 아니라, 장고長考에 장고를 거듭하여 조언助言을 하는 그런 신중한 성격의 소유자이다. 그리고 바로 그렇기 때문에 이 지역 문단사회에서도 실덕失德하는 일 없이, 그가 그의 자리를 굳게 지켜왔다고 볼 수 있다. 이 지역 문단사회의 그의 몇몇 후배들이, 흔히 그를 '형님' '형님'하며 따르는 것은, 바로 그런 실덕失德하지 않는, 절대로 실덕할 것 같지 않은, 듬직하고도 '무던한' 심성 때문이라고 나는 믿고 있다.

솔직히 말한다면 누구인들 자존심이 없으랴? 특히 문인文人들의 자존심은 둘째 가라면 서운한 사람들이 바로 그 문인들이다. 이 글을 쓰고 있는 나도 사실 자존심도 있고, 아무에게나 호락호락 찬사讚辭를 던지는 사람도 못 된다. 특히 '주례사 비평'(※ 주례가 신랑 신부를 무조건 추켜세워 주듯, 별로 좋지 않은 글을 무조건 추켜세워 말하는 비평)만은 체질적으로 하지 못하는, 아니 하지 못할 뿐만 아니라 절대로 하지 않으려는 성깔이지만, 외우畏友 김남곤에 대해서만은 그럴 자신이 없다. 왜냐하면 그것은, 그가 너무 많은 인간적인 장점長點을 안고 있기 때문이다. 그리고 그 장점에 대한 찬사가 편견으로서의 찬사가 아니라, 그를 아는 모든 사람들에게 거부감 없이 두루 수용될 수 있는 찬사라고 믿고 있기 때문이다.

실로 김남곤은 내가 존경하고 싶은 친구이다. 그래서 나는 앞에서 그를 외우畏友라고 했다. '외우'란 '가장 아껴 존경하는 벗'을 뜻하는 말이 아니던가?

그는 정말 궁핍한 시골의 장형長兄과도 같은 품성을 지닌 그런 사람, 형제자매지간을 우애로운 분위기로 이끌 것 같은 그런 사람, 기억의 저 편에 쭈그리고 있는 시골티의 말을 곧잘 끄집어내는 그런 사람, 그의 시詩의 어느 구석에서도 어머니에 대한 회억回憶을 곧잘 엿보게 해주는 그런 사람, 어떤 눈발이나 서릿발에도, 그리고 인생의 모진 추위에도 잘 견디며 살아온 것 같은, 넉넉한 품성의 '무던한' 그를, 나는 정말 아끼며 존경하고 싶다.

그럼 여기서 다음 구절을 잠깐 참고해 보기로 한다.

도움이 되는 벗이 셋, 해로운 벗이 셋 있다. 정직한 벗, 성실한 벗, 박학한 벗은 도움이 되며, 편벽(偏僻)한 벗, 면유부실(面柔不實)한 벗, 편녕(便佞)한 벗은 해로우니라.(益者三友, 損者三友, 友直 友諒 友多聞 益矣, 友偏僻 友善柔 友便佞 損矣.)

≪논어論語≫에서는 '친구'에 대하여 위와 같이 말하고 있다. 김남곤은 우선 정직하고 성실하고 세상 물정에 대하여 여러모로 박식博識한 사람이다.

이 나라에 시詩도 많고, 말言도 많고, 그러나 쓸만한 시는 별로 안 보이고, 쓸만한 말도 별로 보이지 않는 그런 세상, 그러나 그는 이 험난한 세상에서 실로 쉽게 만나기 어려운, 절대로 허튼 소리 잘 하지 않는, 사람 냄새나는 그런 사람이다. 그리하여 그를 '위대한 보통사람'이라고 일컬은 것이다.

미당未堂 서정주 선생의 제씨弟氏 서정태 옹(원로시인)은, 언젠가 그를 일컬어 "5000명 중에 하나 나올까 말까한 인물"이라고 극찬하는 것을 들은 적이 있다. 이러한 극찬은 원로시인으로서의 경륜과 혜안이 빚은 탁견卓見이라고 생각된다.

회고컨대, 사실 나는 대학시절, 김남곤보다 그의 부인(공숙자 여사)을 먼저 선·후배간으로 만난 처지이다. 1950년대 후반 께의 일이다. 그러나 김남곤을 만난 것은 그보다 한참 뒤 그가 삼남일보三南日報 기자로 재직하던 시절, 홍석영(소설가) 선생과 함께 처음 만난 것으로 기억된다. 1960년대 중반 께의 일이다. 사실 그가 안보는 자리니까 하는 말이지만, 처음 만났을 때의 김남곤은, 지금보다는 별로 볼품없이 깡마른 모습이었고, 위풍당당하게 군

림하는 기자의 모습은 더구나 아니었으며, 차라리 날카로운 기자의 눈매이기보다는, 착하디 착하게만 보이는 청년기자였을 뿐이다. 그 후 다행히 나는 이곳 우석대로 직장을 옮기게 되었고, 우석대와 자매기관인 전북일보全北日報에서 그는 일하고 있었기 때문에, 그 후 더욱 그를 지켜볼 수 있게도 되었고, 그와의 우정友情도 더욱 깊어지게도 되었다.

그러나 나는 그와 근 50년 동안의 친교관계에도 불구하고, 인간 김남곤에 대하여 모두다 알고 있다고는 생각지 않는다. 불민不敏한 내가 그의 내면의 깊이를 아직 잘 모르는 데가 많이 있을 것이다. 다만 그의 이력(직책)에 드러난 객관적 사실 만으로도, 그의 인간 승리의 비결을 발견할 수 있을 것이다.

하지만 그것도 역시 문제는 '사람'이었음을 앞에서 말한 바 있다. 말하자면, '사람'이 훌륭하기 때문에 그런 직책을 맡을 수 있었고, '사람'이 훌륭했기 때문에 또 그런 훌륭한 직책이 맡겨졌다고 말할 수 있다. 그래서 다시 '사람'이 중요한 것이고 문제의 핵심이 바로 그 '사람'에 있다고 하겠다.

더구나 시인은 원래 자연인이요 야인野人이어야 한다는, 멍에를 드리우고 사는 존재이다. 그래서 그런 자연인 김남곤 앞에 부쳐지는 찬사요, 수식어임을 알아야지, 무엇을 맡았었다거나, 무엇을 맡고 있다거나, 그런 협소한 의미는 전혀 아닌 것이다.

나는 근 50년 동안 그를 만나고 관찰하며 살아왔다. 다시 말하지만 그는 누구에게나 친근하고 누구에게나 거부감을 주지 않는, 모나지 않은 사람이다. 한마디로 말한다면 그는 원만한 사람이다. 그러나 원만하다고 해서 뼈대도 없이 둥글둥글하다고 생각하면 그건 큰 오산이다. 그 자신의 성미에 차지 않고 그때 그때 경우에 어긋나고, 정의로운 일이 아닐 경우, 그의 마음 속 선근善根이 그걸 용납하지 않는다. 앞에서도 잠깐 말했지만, 뼈대 있는 소리로 호되게 나무람을 주는, 그런 사람이다.

그때, 그의 말은 일종의 법法이다. 이 나라의 법으로 다스릴 수 없는, 문인사회의 장형長兄의 마음으로 다스리는 또 다른 법이다. 이 고장의 문인들이 그의 앞에서 헐렁하게 굴지 못하는 이유는 바로 그 법 때문이다. 그의 법망法網에 걸린 사람은, 무언가 잘못된 사람이거나 엇나간 사람일 수밖에 없다. 나는 근 50년 그를 만나는 동안, 경우에 어긋나는 말을 들은 바가 없다. 그래서 그의 한마디 말은 모든 이들을 고향으로 돌려보낸다.

사람은 많은데 진실로 '사람' 만나기는 어려운 세상, 나는 이 친구와 더불어 오며가며 살고 있음을 진실로 다행스럽게 생각한다. 그만한 사람을 친구로 만나게 된 것을 내 인생살이의 행운으로 생각하는 것이다. 단 한 번도 그에게 "존경"이란 단어를 표현한 적 없지만, 면대面對한 자리가 아닌 글이니까, 슬그머니 "존경"이란 단어를 앞에서 써본 것이다.

'위대한 보통사람' 김남곤金南坤, 그도 이제 전북일보 사장 임기가 끝나면 진정한 자유인으로 회귀하게 될 것이다. 그가 진정한 자유인으로 돌아갈 때, 진정한 야인野人으로 돌아갈 때, 이 고장의 존경 받는 어른으로 남기를 나는 희망한다. 아마 그럴 수 있으리라고 나는 또한 믿는다. 그리고 끝까지 어찌할 수도 없이 시인으로 남을 수 밖에 없을 것이고, 그래서 문명文名 높은 시인으로 남기를 또한 희망한다. 그리하여 후세에 길이길이 남을 시인으로 우뚝 서 있기를 희망한다.

이제 그의 나이도 고희古稀를 넘어 석 삼년이 지났다. 다음의 시작품은, 고희를 넘은 그의 심정적 세계가 잘 나타나 있는 것 같다.

마당 한 모서리
감나무 그늘 밑에서
가랑파를 다듬고 있는 아내에게
방금 걸려온 전화
어젯밤 아무개가
잠자듯이 가셨단다고 했더니
아내는 나를 힐끔 한 번 쳐다보고는
그 흔한
'아이고'소리 한 마디 없다.

아내의 손가락 끝에 걸려있는
파뿌리가 유난히도 길고
하얗게 보였다.

— 〈부음 2〉 全文

그의 다른 시작품에 대해서는, 앞에서 몇 분이 잘 애기했으므로, 여기서는 김남곤이라는 '사람'에 대해서만 애기한 셈이다. 이제 여기서 그에 대한 내 두서없는 글을 줄이기로 하거니와, 앞으로 '위대한 보통사람'의 위대한 시詩, 독자들의 가슴을 뜨겁게 덥혀줄 그의 명작名作이 탄생되기를 진심으로 기대하며 이 글을 끝맺는다.

김 남 곤 시집
녹두꽃 한 채반

인 쇄 / 2009년 4월 2일
발 행 / 2009년 4월 10일

지은이 / 김 남 곤
발행인 / 서 정 환
발행처 / 신아출판사

출판등록 / 1984년 8월 17일 제28호
주 소 / 전주시 완산구 태평동 251-30
전 화 / (063) 275-4000, 252-5633
팩 스 / (063) 274-3131
E-mail / sina321@hanmail.net

값 10,000원

ISBN 978-89-5925-552-8 03810